Feminismus verstehen

Warum Feminismus so wichtig ist – Geschlechterrollen, Sexismus & Aufklärung

Sabrina Kraft

INHALT

SABRINA KRAFT

Das erwartet Sie in diesem Buch

Was bedeutet Feminismus? Wie ist er entstanden? Wer war eigentlich die erste Feministin? Was hat sich seit den Anfängen verändert? Ist der Feminismus nicht nur eine andere Bezeichnung für Männerhass? Wir leben im 21. Jahrhundert, brauchen wir den Feminismus überhaupt noch? Und was hat das Ganze mit Pornos zu tun?

Mit diesen und weiteren Fragen wollen wir uns in diesem Buch ausführlich beschäftigen und ganz genau ergründen, warum wir den Feminismus auch heute noch so dringend brauchen. Neben einer Einleitung in die feministische Theorie und die Ziele der feministischen Bewegung werden Ihnen in diesem Buch auch Anregungen dazu geliefert, wie Sie den feministischen Aktivismus leicht in Ihren persönlichen Alltag integrieren können. Wenn Sie Fan von Freiheit, Gleichberechtigung und Selbstbestimmung sind, dann ist dieses Buch genau das Richtige für Sie!

Triggerwarnung: In diesem Buch werden Themen wie Sexualität, sexuelle Identität, sexuelle Gewalt, Selbstzweifel, Körperformen sowie psychische Krankheiten angesprochen. Wenn Sie Erfahrungen mit diesen Themen oder mit Diskriminierung jeglicher Art gemacht haben und es Ihnen nicht guttut, damit konfrontiert zu werden oder sich mit den Themen auseinanderzusetzen, ist das Buch zu diesem Zeitpunkt möglicherweise nicht das richtige für Sie[1].

---

[1] Wenn Sie psychische Probleme haben oder Hilfe brauchen, wenden Sie sich an Adressen wie die https://www.telefonseelsorge.de/ oder die https://www.nummergegenkummer.de/kinder-und-jugendberatung/kinder-und-jugendtelefon/ für Kinder und Jugendliche.

S A B R I N A   K R A F T

Was Feminismus bedeutet – und was nicht

FEMINISMUS VERSTEHEN

Um feministisch denken und handeln zu können, müssen zunächst die Grundsätze des Feminismus verstanden werden. Der Feminismus ist eine soziale Bewegung mit Millionen von Anhänger:innen, die ein Ziel verfolgen, das uns im ersten Moment vielleicht ganz selbstverständlich erscheint: die Gleichberechtigung aller Menschen, unabhängig von Geschlecht, Herkunft, Religion, Kultur oder anderen Faktoren. Der Feminismus kämpft gegen Sexismus, also die Diskriminierung aufgrund des Geschlechts, und gegen das Patriarchat. Als Patriarchat bezeichnet man eine Ordnung der Gesellschaft, in der der Mann, gekoppelt an Werte und Normen, eine bevorzugte Rolle einnimmt, sowohl auf staatlicher Ebene als auch in sozialen Beziehungen.

Dementsprechend setzt der Feminismus auch an gesellschaftlichen Normen an und versucht, Machtstrukturen, vorherrschende Rollenbilder und verinnerlichte Vorurteile gegenüber Menschen und Menschengruppen aufzulösen. Es soll jedem Menschen möglich sein, sich ohne Benachteiligungen oder Verurteilungen individuell auszuleben, ganz im Sinn der Gleichheit, Freiheit und Selbstbestimmung. Klingt simpel – ist es eigentlich auch. Der Grundgedanke jedenfalls leuchtet ein und erscheint uns als logische Voraussetzung für ein freies und glückliches Leben aller Menschen.

Laut einer Umfrage haben sich im Jahr 2016 dennoch nur 14 % aller Deutschen selbst als Feminist:in bezeichnet[2]. Mit welchen Vorurteilen der Feminismus zu kämpfen hat, warum wir den Feminismus so dringend brauchen und wie Sie selbst ganz einfach feministisches Denken und Handeln in Ihren Alltag

---

[2]https://de.statista.com/statistik/daten/studie/883683/umfrage/umfrage-in-deutschland-zur-bezeichnung-der-eigenen-person-als-feminist-in/ [15.06.2021]

integrieren können, soll Ihnen in diesem Rat-geber nähergebracht werden.

DER URSPRUNG DES FEMINISMUS

Vielleicht fragen Sie sich, warum diese soziale Bewegung als Feminismus bezeichnet wird, wenn es doch um alle Menschen geht und nicht ausschließlich um die Frau. Der Begriff hat seinen Ursprung in dem französischen Wort „féminisme". Er entwickelte sich mit der Frauenbewegung, in der es vor allem um die Rechte der Frau ging. Als eine der ersten Feminist:innen gilt die französische Aktivistin Olympe de Gouges. Sie machte Ende des 18. Jahrhunderts darauf aufmerksam, dass die mit der Französischen Revolution proklamierten Menschen- und Bürgerrechte sich vor allem auf Männer bezögen, und betonte, dass der französische Grundsatz „Freiheit, Gleichheit, Brüderlichkeit" nicht gelten könne, wenn diese Rechte nicht auch für Frauen gültig wären. Sie machte sich für Frauenrechte stark und schrieb zum Beispiel, „die Frau ist frei geboren und bleibt dem Manne gleich an Rechten"[3]. Ihr Werk „Die

---

[3] https://olympe-de-gouges.info/frauenrechte/ [15.06.2021]

Rechte der Frau" aus dem Jahr 1791 gilt bis heute als eine der wichtigsten feministischen Schriften. Für ihren Aktivismus und ihre politischen Ansichten zahlte Olympe de Gouges schließlich mit dem Leben. Sie wurde im Alter von 45 Jahren hingerichtet.

Neben de Gouges kämpften während der Französischen Revolution auch etliche weitere Frauen für Freiheit, Gleichheit und Selbstbestimmung. Mit dem berühmten „Zug der Frauen nach Versailles" im Jahr 1789 marschierten Tausende von ihnen, um für genau diese Werte zu kämpfen. Die Frauen-bewegung war geboren und mit ihr der Begriff „féminisme", der erst im 19. Jahrhundert ins Deutsche übernommen wurde. Der Feminismus entstammt also einer Zeit, in der Frauen für Frauenrechte kämpften und trägt seine Bezeichnung damit nicht zu Unrecht. Mittlerweile ist der Begriff aber tatsächlich etwas irreführend, denn es geht der sozialen Bewegung schon lange nicht mehr nur um die Frau und auch die Anhänger:innen des Feminismus sind nicht ausschließlich weiblich.

S A B R I N A   K R A F T

IN KÜRZE: FEMINISTISCHE MEILENSTEINE

Zug der Frauen nach Versailles: Oktober 1789, etwa 7000 französische Frauen der Arbeiterklasse marschieren gemeinsam zum Schloss Versailles. Sie kämpfen für Freiheit, Gleichheit und Gerechtigkeit. Der Zug gilt als einer der ersten Frauenmärsche und legte den Grundstein für die aktive politische Teilnahme der Frau und die Frauenbewegung.

Frauen-Zeitung: Gründung im Jahr 1849 durch die Politikerin und Schriftstellerin Louise Otto-Peters. Sie wurde bekannt mit ihrem Satz, "die Teilnahme der Frau an den Interessen des Staates ist nicht allein ein Recht, sie ist eine Pflicht der Frauen"[4] und brachte die Frauenbewegung durch ihr aktivistisches Engagement nach Deutschland. Die „Frauen-Zeitung" galt als ein wichtiges Kommunikationsmittel der deutschen Frauenbewegung.

Allgemeiner Deutscher Frauenverein: Gründung 1865, der Verein verfestigt die Frauenbewegung durch

---

[4]https://www.bpb.de/gesellschaft/gender/frauenbewegung/35309/louise-otto-peters [15.06.2021]

die öffentliche Organisation und verfolgt vor allem das Ziel des Rechts auf Arbeit und Bildung für Frauen.

Internationaler Frauentag: Beschlossen durch die internationale Frauenkonferenz, die mitbegründet wurde durch die sozialistische Politikerin Clara Zetkin. Der Frauentag findet zum ersten Mal statt im März 1911 mit einer Großdemonstration, gefordert wird das Frauenwahlrecht. Die Frauenbewegung wird zur Massenbewegung.

Wahl zur deutschen Nationalversammlung: Januar 1919, Frauen dürfen zum ersten Mal gewählt werden und selbst wählen. Daraufhin sind neun Prozent des deutschen Reichstags von Politikerinnen besetzt.

Frauenrechte im Grundgesetz: Gründung der Bundesrepublik Deutschland im Jahr 1949, mit dem Satz "Männer und Frauen sind gleichberechtigt" werden Frauenrechte im Grundgesetz verankert. Diese Errungenschaft gilt als einer der größten Erfolge der deutschen Frauenbewegung.

QUEERER FEMINISMUS

Sie wissen nun, was der Feminismus ist und wo er seine Ursprünge hat. Seit dem 18. Jahrhundert haben sich in der feministischen Theorie aber offensichtlich einige Aspekte verändert. Der Feminismus ist heute populärer, offener und holistischer. Das heißt, die soziale Bewegung ist nicht mehr auf Frauen beschränkt, die für Frauenrechte kämpfen, sondern hat sich um viele Bereiche erweitert. Es geht mittlerweile um die Freiheit, Gleichheit und Selbstbestimmung aller Menschen.

Dabei wird die Gesellschaft als Ganzes betrachtet, denn gesellschaftliche Normen und Werte sowie soziale und staatliche Strukturen tragen maßgeblich dazu bei, wie wir Menschen in dieser Gesellschaft leben – leider noch nicht alle in Freiheit, Gleichheit und Selbstbestimmung. Innerhalb des Feminismus gibt es verschiedene Strömungen, die ihren Fokus auf bestimmte Bereiche der Diskriminierung legen, um sich gegen diese einzusetzen. Eine dieser Strömungen, die wir uns genauer anschauen wollen, ist der Queer-Feminismus.

Der queere Feminismus basiert auf der Annahme, dass das Geschlecht in zwei Ebenen unterteilt wer-den kann; zum einen in das biologische, also das körperliche Geschlecht, und zum anderen in das soziale Geschlecht. Das soziale Geschlecht entsteht durch gesellschaftliche Einflüsse und geht mit Erwartungen und Rollenbildern einher. Um die beiden Ebenen des Geschlechts klarer unterscheiden zu können, werden oft auch die englischen Begriffe „sex" für das biologische und „gender" für das soziale Geschlecht verwendet. Menschen, deren biologisches und soziales Geschlecht miteinander übereinstimmen, nennt man cis. Dies ist aber nicht bei allen Menschen der Fall. Viele definieren sich als nicht-binär, also weder dem männlichen noch dem weiblichen Geschlecht zugehörig, oder als trans, also einem Geschlecht zugehörig, das nicht ihrem biologischen entspricht. Für genau diese Menschen und für Personen, die aufgrund ihrer Sexualität von Diskriminierung betroffen sind, setzt sich der Queer-Feminismus ein. Queer ist dabei die Bezeichnung für Personen, die sich nicht als cis und/oder hetero definieren.

Oft wird das Wort „Queer" als eine Art Sammelbezeichnung für die LGBT-Community genutzt. Die englische Abkürzung steht dabei für die Begriffe lesbisch, schwul, bisexuell und trans[5]. Menschen dieser Community sind besonders häufig von Diskriminierung betroffen. Der Queer-Feminismus setzt seinen Fokus darauf, allen Menschen, unabhängig von Geschlecht und Sexualität, ein freies, gleichberechtigtes und selbstbestimmtes Leben zu ermöglichen und kritisiert gesellschaftliche Rollenbilder, die mit dem Geschlecht einhergehen.

Viele Feminist:innen vertreten die Ansicht, Aktivismus könne nur feministisch sein, wenn er sich für alle Menschen gleichermaßen einsetzt. Die Freiheit, Gleichheit und Selbstbestimmung aller Menschen stünde im Mittelpunkt. Aber auch, wenn wir für alle aktiv werden, sollten wir nicht vergessen, dass nicht alle Menschen gleichstark von Diskriminierung betroffen sind. Der Feminismus hat seinen Ursprung in der Frauenbewegung, weil Frauen jahrhundertelang benachteiligt wurden und bis heute werden. Ebenso werden queere Personen stärker diskriminiert als cis-Personen und schwarze Menschen stärker als weiße.

---

[5] Hier sollte festgehalten werden, dass es noch weitaus mehr Formen von Gender und Sexualität gibt und dass der Begriff „Queer" nicht zwingend von allen Menschen der Community als Selbstbezeichnung verwendet wird.

Diese Unterschiede sollten wir erkennen, verinnerlichen und versuchen, aufzubrechen, um für die Menschen feministisch zu sein, die den Feminismus am meisten brauchen.

MYTHEN ÜBER DEN FEMINISMUS

Obwohl der Feminismus Ziele verfolgt, mit denen sich die meisten Menschen identifizieren können, wird er von vielen stark abgelehnt. Das liegt vor allem daran, dass der Feminismus mit vielen Vorurteilen belegt ist und deswegen oft verteufelt wird. In den Köpfen vieler Menschen ruft der Begriff „Feminismus" zunächst negative Assoziationen hervor. Meist steckt dahinter aber eher Unwissenheit als eine wirkliche inhaltliche Ablehnung. Um mit diesen Vorurteilen und falschen Annahmen gegenüber der feministischen Bewegung aufzuräumen, wollen wir uns ein paar der verbreitetsten Mythen über den Feminismus genauer anschauen und prüfen, was es mit ihnen auf sich hat.

1. Frauen an die Macht!

Dieser Mythos hält sich seit Ewigkeiten; viele Menschen gehen davon aus, dass Feminist:innen alle Männer entmächtigen und wichtige Positionen nur noch mit Frauen besetzen wollen. Darum geht es dem

Feminismus nicht, denn eine vollständige Machtübernahme der Frau hätte ebenso wenig mit Gleichberechtigung zu tun wie unsere heutige Männer-zentrierte Gesellschaft. Frauen haben es jedoch sehr viel schwerer als Männer, Karriere zu machen. Im Jahr 2019 waren nur knapp 30 % aller Führungspositionen in Deutschland mit Frauen besetzt[6]. Männer werden systematisch bevorzugt, während Frauen immer wieder mit Diskriminierungen in der Arbeitswelt zu kämpfen haben. Um diese Ungleichheiten zu beseitigen, befürworten viele Feminist:innen eine Frauenquote. Dies ist eine Quotenregelung zur ausgeglichenen Besetzung von Stellen, mit der die Gleichberechtigung im Beruf erreicht werden soll. Der Feminismus möchte also nicht, dass nur noch Frauen an der Macht sind, sondern lediglich, dass Frauen und Männer gleichermaßen die Chance auf Machtpositionen haben.

2. Alle Feminist:innen hassen Männer!

Oft wird der Feminismus mit Männerhass gleichgesetzt. Dieser Mythos hält sich zu Unrecht, denn, wie bereits beschrieben, setzen Feminist:innen sich für die

---

[6]https://www.destatis.de/DE/Themen/Arbeit/Arbeitsmarkt/Qualitaet-Arbeit/Dimension-1/frauen-fuehrungspositionen.html [21.06.2021]

Gleichheit, Freiheit und Selbstbestimmung aller Menschen ein – dazu zählen offensichtlich ebenso Männer.

3. Männer können keine Feministen sein!

Auch dieser Mythos ist unsinnig. Jeder Mensch kann feministisch sein, egal, welchen Geschlechts. Man muss keine Frau sein, um die Ungerechtigkeiten unserer Gesellschaft zu erkennen und zu kritisieren. Oftmals ist es für Frauen einfacher, sich der Wichtigkeit der feministischen Bewegung bewusst zu werden, da Frauen öfter als Männer direkt von sexistischer Diskriminierung betroffen sind. Umso wichtiger ist es, aufzuklären und ein Bewusstsein für das Thema zu schaffen, damit am Ende alle zusammen – Frauen sowie Männer – für eine gerechtere Welt kämpfen können.

4. Alle Feminist:innen sind unrasierte Hippies!

Kurze Haare, unrasierte Achseln und Beine, bunte, weite Kleidung und eine geballte Faust auf einem selbst gebastelten Demoschild. Dieses Bild haben vermutlich viele Menschen vor Augen, wenn sie an eine Feministin denken. Mit Feminismus hat dieses Vorurteil jedoch nichts zu tun. Die Assoziation kommt vermutlich daher, dass der Feminismus sich für Selbstbestimmung einsetzt und versucht, Rollenbilder und Erwartungen aufzulösen. Dazu gehört zum Beispiel, dass Frauen sich rasieren und lange Haare haben müssen, um weiblich zu sein. Das Ziel, dass Frauen selbst über ihr äußeres Erscheinungsbild entscheiden können, ohne von anderen bewertet und verurteilt zu werden, setzt aber nicht voraus, dass alle Feminist:innen sich entgegen der weiblichen Rollenbilder verhalten und kleiden müssen. Es geht ganz nur darum, dass sich jeder Mensch so ausleben kann, wie er möchte.

Abgesehen davon, sind Feminist:innen natürlich nicht alle gleich. Es gibt Feminist:innen in jedem Alter, Geschlecht, in jeder Hautfarbe, mit verschiedenen Geschichten und Hintergründen. Dieser Mythos zeigt, wie stark Menschen in Vorurteilen denken und dass es dringend Zeit wird, sie aufzulösen.

5. Der Feminismus ist eine Bewegung der Jugend, ein kurzer Internettrend!

Obwohl es tatsächlich sehr viele junge Feminist:innen gibt, ist der Feminismus weit mehr als ein jugendlicher Internettrend. Die historische Reichweite der Bewegung zeigt sich schon im Ursprung des Feminismus, mit dem wir uns bereits zu Beginn dieses Buches beschäftigt haben. Die Diskriminierung der Frau ist jahrhundertealt und betrifft Frauen in jeder Altersgruppe. Genauso gibt es Menschen, die sich schon seit Jahrzehnten für Gleichberechtigung einsetzen. Das

Internet ist mittlerweile dennoch ein wichtiges Mittel der feministischen Bewegung, um zu informieren und zu mobilisieren. Vor allem in sozialen Medien werden viele junge Menschen angesprochen und für den Feminismus begeistert.

Feministischer Aktivismus ist aber trotzdem etwas Reales, ein Kampf echter Menschen, um unsere Gesellschaft zu verändern. Das Internet kann zwar unterstützend wirken, reicht für solche Veränderungen jedoch nicht aus.

6. Im 21. Jahrhundert brauchen wir keinen Feminismus mehr!

Irrtum! Auch, wenn die feministische Bewegung schon einiges erreichen konnte – beispielsweise das Frauenwahlrecht und die verankerten Frauenrechte im Grundgesetz – haben wir bis zur vollständigen Gleichberechtigung aller Menschen noch einen langen Weg vor uns. Warum wir Feminismus immer noch brauchen, soll im nächsten Kapitel noch einmal genauer betrachtet werden.

SABRINA KRAFT

Warum wir Feminismus brauchen

Sie haben mittlerweile ein genaues Bild davon, was Feminismus bedeutet, und können ein paar der häufigsten Irrtümer und Mythen über die Bewegung mit Sicherheit aufklären. Viele Menschen behaupten immer wieder, im 21. Jahrhundert bräuchten wir keinen Feminismus mehr, wir würden bereits in einer gleichberechtigten Welt leben, der Feminismus sei Wichtigtuerei wütender Frauen und einfach nur noch unnötig. Warum das nicht so ist und wir den

Feminismus tatsächlich noch sehr dringend brauchen, wollen wir uns im Folgenden anschauen, indem wir hinter die sexistischen Muster unserer Gesellschaft blicken.

VICTIM-BLAMING UND RAPE-CULTURE

Sie haben einen Abend mit Freunden und Freundinnen verbracht und machen sich nun auf den Weg nach Hause. Sie haben ein paar Gläser Wein getrunken, also gehen Sie zu Fuß. Niemand von Ihren Bekannten muss in dieselbe Richtung, Sie gehen allein. Es ist dunkel, die Straßen sind leer. Auf einmal hören Sie Schritte. Sie drehen sich kurz um, erkennen einige Meter hinter sich einen Mann und gehen weiter. Die Schritte werden lauter, kommen näher, der Mann ruft Ihnen zu: „Hey, wohin willst du denn so spät abends noch?" Sie ignorieren die Stimme, beschleunigen Ihren Gang etwas. „Soll ich dich nicht nach Hause bringen?", hören Sie ihn sagen. In der einen Hand haben Sie Ihr Handy, in der anderen Ihren Schlüssel fest umklammert. Sie biegen um die nächste Ecke, der Mann folgt Ihnen, gleich sind Sie zu Hause. Muss er auch in diese Richtung oder kommt er absichtlich hinterher? Sie erreichen Ihr Haus, schließen eilig auf und ziehen die Tür schnell hinter sich zu. Ihr Herz klopft.

Wenn Sie eine Frau sind, kommt Ihnen dieses Szenario wahrscheinlich nicht unbekannt vor. Viele Frauen haben Angst, im Dunkeln allein auf den Straßen unterwegs zu sein. Diese Angst ist nicht unbegründet. Eine europaweite Studie aus dem Jahr 2014 zeigt, dass ganze 55 % aller Frauen schon mindestens einmal in ihrem Leben sexuell belästigt wurden. Jede zehnte Frau musste seit ihrem 15. Lebensjahr sogar Erfahrungen mit sexualisierter Gewalt machen[7]. Allein im Jahr 2020 wurden über 80.000 Sexualdelikte polizeilich erfasst[8]. Diese Zahlen sind erschreckend hoch und die Dunkelziffer solcher Vorfälle dürfte noch weitaus größer sein. Vielen Frauen fehlt der Mut, sexuelle Belästigung oder Gewalt zur Anzeige zu bringen. Oft geht damit Scham einher oder die Angst, dass ihnen nicht geglaubt wird. Nur etwa 5 bis 15 % aller Opfer von

---

[7]https://de.statista.com/infografik/11538/jede-zehnte-frau-in-europa-erfaehrt-sexuelle-gewalt/ [20.06.2021]
[8]https://de.statista.com/statistik/daten/studie/550357/umfrage/anzahl-der-straftaten-gegen-die-sexuelle-selbstbestimmung-in-deutschland/ [20.06.2021]

Vergewaltigungen erstatten eine Anzeige[9]. Das führt dazu, dass auch die Verurteilungsquote solcher Straftaten niedrig ist. Nicht einmal ein Zehntel aller Täter wird anschließend verurteilt und bestraft[10]. Die meisten dieser Straftaten finden zwar nicht nachts auf der Straße statt, doch das Wissen über die Ausmaße von Gewaltverbrechen, besonders an Frauen, schürt Ängste.

Dazu kommt, dass vielen Frauen und Mädchen schon in jungem Alter beigebracht wird, dass sie in bestimmten Situationen vorsichtig sein sollten. „Steig nicht in fremde Autos", „Pass auf, dass dir im Club niemand etwas in dein Getränk mischen kann", „Warte am Bahnhof lieber in belebten Bereichen.", oder eben „Lauf nicht im Dunkeln allein nach Hause."

Bei der Recherche im Internet nach Zahlen und Statistiken, die darüber aufklären, wie viele Frauen sich unsicher fühlen, wenn sie nachts allein unterwegs sind, stößt man schnell auf Artikel mit Tipps und Tricks, wie man als Frau nachts am sichersten unterwegs ist.

---

[9] https://taz.de/Sexualisierte-Gewalt-in-Deutschland/!5727344/ [20.06.2021]
[10] https://www.spiegel.de/spiegel/sexualstrafrecht-aus-mangel-an-beweisen-a-1130135.html [20.06.2021]

Diese Tipps reichen von einem selbstbewussten Gang, griffbereiten Telefon und Schlüsselanhänger mit integriertem Alarmknopf bis hin zur richtigen Schuhwahl, um im Notfall schneller rennen zu können, und verschiedenen Kampftechniken.

Diese Tipps mögen hilfreich sein und dazu beitragen, dass Frauen sich nachts sicherer fühlen – doch sie setzen am falschen Ende an. Im Grunde ist es nicht die Aufgabe der Frau, sich vor Angriffen zu schützen, sondern die Pflicht der Angreifer, keine Straftaten zu begehen. „Damit muss man rechnen, wenn man allein unterwegs ist." „Soll sie halt nicht nachts allein herumlaufen." „Ist doch ganz normal, dass so etwas passiert."

Ist es das? Ist es normal, dass Frauen Angst haben, wenn ein Mann hinter ihnen läuft, dass sie ihren Schlüssel in der Hand halten, um sich im Ernstfall verteidigen zu können, dass sie so tun, als würden sie mit jemandem telefonieren, um nicht hilflos zu wirken? Solche Verhaltensmuster sind für viele Frauen zur Gewohnheit geworden und wir neigen dazu, unsere Gewohnheiten nicht zu hinterfragen. Hinter solchen Ängsten und Gefahren steht allerdings eine Gesellschaft, die Frauen lieber beibringt, wie sie sich wehren können, als Männern zu vermitteln, wie sie Frauen ein sicheres Gefühl geben: Indem sie sie nicht belästigen.

Diese Art von Victim-Blaming ist ein großes Problem unserer Gesellschaft, das der Feminismus zu bekämpfen versucht. Victim-Blaming bedeutet ganz einfach eine Täter-Opfer-Umkehr, wenn die Schuld für einen Übergriff also beim Opfer gesucht wird, anstatt beim Täter.

Besonders stark tritt dieses Muster bei Vergewaltigungsfällen auf. Die Täter-Opfer-Umkehr ist eine beliebte Verteidigungsstrategie, um die Schuld für einen sexuellen Übergriff vor Gericht dem Opfer zuzuschreiben. Oft werden Vergewaltigungsopfer gefragt, welche Kleidung sie während der Tat getragen haben oder ob sie stark geschminkt waren. „Sie trugen einen tiefen Ausschnitt, ein kurzes Kleid und reizende Unterwäsche? Dann müssen Sie sich nicht wundern, wenn so etwas passiert." Mit solchen absurden Aussagen müssen sich viele Opfer von sexuellem Missbrauch auseinandersetzen, sowohl vor Gericht als auch in ihrem sozialen Umfeld. Vergessen wird dabei, dass eine Art sich zu kleiden niemals Konsens ausdrückt. Jeder sexuelle Akt, der ohne Konsens, also ohne Zustimmung aller Beteiligten, stattfindet, ist eine Form von Vergewaltigung.

Viele Feminist:innen haben in den letzten Jahren mit eingängigen Hashtags wie #neinheißtnein oder #mydressdoesnotmeanyes auf die Täter-Opfer-Umkehr aufmerksam gemacht. Sie wollen ein Bewusstsein dafür schaffen, dass die Schuld für sexuelle Übergriffe immer noch viel zu oft bei den Betroffenen selbst gesucht wird. Dabei wird immer wieder betont, dass weder ein kurzes Kleid noch ein starkes Make-up, die Tatsache, nachts allein unterwegs zu sein, oder Unzurechnungsfähigkeit durch Drogenkonsum eine Vergewaltigung rechtfertigen.

Auch sollen Frauen durch ein größeres gesellschaftliches Bewusstsein für diese Thematik darin gestärkt werden, klarer nein sagen zu können, wenn sie etwas nicht wollen. Nein zu sagen, ist in vielen Situationen gar nicht so einfach, wie es scheinen mag. Dabei sollte es selbstverständlich sein, sich zu jedem Zeitpunkt gegen sexuelle Handlungen entscheiden zu können. Typische Szenarien, in denen es schwerfallen kann, seinem Gegenüber zu widersprechen, sind zum Beispiel, wenn in der Vergangenheit bereits Geschlechtsverkehr stattgefunden hat oder wenn es schon zum Kuss kam. Viele Frauen fühlen sich dann verantwortlich, verspüren Druck, den Erwartungen an sie gerecht zu werden und einfach mitzumachen, schließlich haben sie mit ihren Handlungen die Hoffnungen des Gegenübers geweckt. Das Empfinden der Frau rückt dabei in den Hintergrund.

Der Feminismus versucht klarzumachen, dass es in jedem erdenklichen Moment in Ordnung und wichtig ist, nein sagen zu können, und dass dieses „Nein" gehört und respektiert werden muss, ganz egal, ob die Beteiligten sich gerade erst kennengelernt haben oder in einer Beziehung sind, ob sie sich schon geküsst oder ausgezogen haben oder ob das „Nein" klar verbal geäußert oder durch körperliche Signale deutlich wird. Nein heißt nein und jede sexuelle Handlung ohne Konsens ist ein Sexualdelikt.

Dass sowohl betroffene Frauen als auch ihr Umfeld die Schuld für sexuelle Gewalt immer wieder bei den Opfern selbst suchen, anstatt bei den Tätern, ist ein Teil der sogenannten Rape-Culture. Die Rape-Culture, oder auf Deutsch Vergewaltigungskultur, beschreibt eine Gesellschaft, in der Vergewaltigungen verharmlost und geduldet werden. Dies geht einher mit dem Victim-Blaming und dem ständigen Misstrauen und Hinterfragen, mit dem Opfer sexueller Gewalt konfrontiert werden. Betroffene werden angezweifelt und beschuldigt, während Ausreden und Rechtfertigungen für die Taten gesucht werden. Dieser gesellschaftliche Umgang mit sexueller Belästigung und Gewalt führt auch zu der bereits genannten niedrigen Aufklärungsquote von Missbrauchsfällen.

Die feministische Bewegung positioniert sich eindeutig gegen Victim-Blaming und die Rape-Culture. Die sexuelle Selbstbestimmung der Frau ist nur möglich in einer Welt, in der sexuelle Handlungen ausschließlich mit Konsens stattfinden. Die Schuld für Sexualdelikte kann niemals bei den Opfern liegen. Sexuelle Belästigung und Gewalt muss in jedem Fall verurteilt und bestraft werden, ohne den Opfern zu misstrauen und sie zu beschuldigen. Victim-Blaming und die Rape-Culture gehen Hand in Hand mit der weiblichen Sexualität, wie sie in unserer Gesellschaft wahrgenommen und dargestellt wird. Dies ist ein Grund dafür, warum der Feminismus versucht, an gesellschaftlichen Normen und Werten anzusetzen.

DIE WEIBLICHE SEXUALITÄT

In der Wahrnehmung und Darstellung der weiblichen Sexualität finden sich starke sexistische Denkmuster, die gesellschaftlich verankert sind. Frauen sind in ihrer Sexualität ständig Bewertungen und Verurteilungen ausgesetzt. Haben sie wenig Sex und eine geringe Zahl an Sexualpartner:innen, sind sie prüde, verklemmt und langweilig. Haben sie aber viel Sex mit mehreren und wechselnden Partner:innen, sind sie schlampig, billig und dreckig, leicht zu haben und nichts mehr wert. Gleichzeitig werden Männer dafür gefeiert, wenn sie mit vielen Frauen schlafen und geschlafen haben.

Gleichberechtigung sieht anders aus. Diese unausgeglichene und paradoxe Sicht auf die weibliche und männliche Sexualität hält sich seit Jahrzehnten und beeinflusst nicht nur die Meinung anderer über Frauen und ihr Sexualverhalten, sondern auch die Selbstwahrnehmung vieler Frauen. Das Phänomen der Herabwürdigung von Frauen aufgrund ihres äußerlichen Auftretens oder ihrer Sexualität nennt man auch Slut-Shaming. Frauen werden also dafür verurteilt, stark geschminkt zu sein, sich freizügig zu kleiden oder mit vielen verschiedenen Männern geschlafen zu haben.

Der Feminismus versucht, Frauen in ihrer Sexualität und ihrem Selbstbewusstsein zu stärken. Vor allem aber müssen gesellschaftliche Normen und Werte infrage gestellt werden, um dort ansetzen zu können, wo Erwartungen und Beurteilungen entstehen – in den Köpfen der Menschen. Personen für ihre Sexualität, ihre Sexualpartner:innen, ihr Aussehen oder ihr Verhalten zu verurteilen, ist nicht in Ordnung, auch, wenn es sich für viele von uns normal anfühlt. Jeder und jede sollte frei entscheiden und sich sexuell ausleben können, und das, ohne dafür im Nachhinein beleidigt und diskriminiert zu werden.

Auch das Slut-Shaming ist ein Teil der Rape-Culture, mit der wir uns bereits befasst haben. Sexismen wie diese Art der Verurteilung halten sich in unserer Gesellschaft hartnäckig und werden durch verschiedene Faktoren immer weiter reproduziert.

FEMINISMUS IN PORNOS?

Einer dieser Faktoren ist der Konsum von Mainstream-Pornos. Für viele Menschen ist das regelmäßige Konsumieren pornografischer Inhalte selbstverständlich. Eine Studie aus dem Jahr 2019 hat gezeigt, dass in Deutschland die meisten Nutzer:innen von Pornhub, eine der bekanntesten Plattformen für Pornofilme, zwischen 18 und 24 Jahren alt sind[11]. Außerdem sind die meisten Konsumierenden männlich. Ganze 75 %

---

[11] https://de.statista.com/statistik/daten/studie/716519/umfrage/pornhub-nutzer-in-deutschland-nach-alter/ [25.06.2021]

aller Pornhub-Nutzer:innen sind Männer, dementsprechend sind nur 25 % der Nutzer:innen weiblich[12].

Auch ist das Alter, in dem Menschen zum ersten Mal in Kontakt mit pornografischen Inhalten kommen, beziehungsweise gekommen sind, niedrig. Eine Statistik aus dem Jahr 2014 zeigt, dass etwa die Hälfte aller Jungen in Deutschland im Alter von 13 Jahren bereits Pornografie konsumiert hat[13].

Pornos scheinen also, vor allem bei Männern und bei sehr vielen jungen Leuten, ziemlich beliebt zu sein. Ob bewusst oder unterbewusst, solche Filme können ihre Zuschauer:innen stark beeinflussen. Es werden Verhaltens- und Umgangsweisen gezeigt, die sexistische Denkmuster fördern. Pornografie vermittelt oft die klassischen Rollenbilder; der Mann ist der dominante Part, die Frau ist gefällig, fast schon passiv.

Das Problem dabei ist nicht, dass es solche Arten von Filmen gibt oder dass Menschen Sex haben, in dem Machtspiel, Dominanz oder Unterdrückung ausgelebt

---

[12] https://de.statista.com/statistik/daten/studie/716542/umfrage/pornhub-nutzer-in-deutschland-nach-geschlecht/ [25.06.2021]
[13] https://de.statista.com/statistik/daten/studie/295416/umfrage/umfrage-unter-jugendlichen-in-deutschland-zum-kontakt-mit-pornografie/ [25.06.2021]

wird. Jeder Mensch kann frei entscheiden, welche Art von pornografischen Inhalten er konsumieren möchte. Ganz nach dem Prinzip der Nachfrage und des Angebots ist die Bandbreite an Pornos riesig und es wird immer Content in jeglichen Formen und nach den verschiedenen Vorlieben geben.

Außerdem ist es gut und wichtig, dass jeder Mensch den Sex haben kann, den er möchte. Auch Sex, in dem der Mann dominiert, ist nicht unfeministisch, solange alle sexuellen Handlungen ausschließlich mit Konsens stattfinden. Das Problem liegt eher darin, dass viele pornografische Inhalte des Mainstreams sexistisches Verhalten und Unterdrückung zeigen, als sei es die Norm. Der sexistische Sex wird nicht hinterfragt, er erscheint normal.

Auch hier liegt das Problem nicht bei den Praktiken an sich, sondern eher an der Repräsentation. Meistens steht die Lust des Mannes im Vordergrund. Die Frau wirkt oft wie eine Art Sexobjekt. Sie befriedigt den Mann, hat Spaß am Blasen und wird zum Schluss fröhlich mit Sperma bespritzt. Zeit für die Befriedigung der Frau wird sich kaum genommen, denn die meisten Frauen in Pornos kommen ganz einfach durch reine Penetration zum Orgasmus. Und egal, was auf dem

Bildschirm passiert – nach Konsens wird dabei nie gefragt.

Abgesehen davon, dass ein großer Teil der Mainstream-Pornos als sexistisch eingeordnet werden kann, sind die meisten Darstellungen schlichtweg auch unrealistisch. Eine Studie hat beispielsweise ergeben, dass nur etwa 33 % aller Frauen beim Sex immer oder fast immer zum Orgasmus kommen. Bei den Männern sind es ganze 80 %[14]. Dieser Unterschied ist auffällig groß und wird mittlerweile in vielen Artikeln als „Orgasm-Gap", also Orgasmus-Lücke, bezeichnet. In Pornos fehlt von dieser Ungleichheit jedoch jede Spur.

Zudem sind Mainstream-Pornos extrem heteronormativ, das heißt, sie gehen von heterosexuellen Geschlechtspartner:innen aus. Der Sex zwischen Mann und Frau wird dabei in das Zentrum gerückt, andere Formen der Sexualität werden kaum repräsentiert. So heteronormativ der Sex in diesen Pornos ist, so stereotypisch sind auch die Darstellenden. Die Männer entsprechen überwiegend dem gesellschaftlichen männlichen Idealbild, die Frauen dem weiblichen

---

[14] https://de.statista.com/statistik/daten/studie/624/umfrage/vergleich-der-orgasmushaeufigkeit-beim-sex-nach-geschlechtern/ [25.06.2021]

Schönheitsideal. Die Körperformen ähneln sich, sie sind nicht divers und spiegeln nicht die Realität wider.

Dadurch werden Erwartungen geschaffen und Unsicherheiten geschürt. Nicht alle Männer haben einen großen Penis und nicht jede Vulva sieht gleich aus, und das ist auch gut so. Durch Abbildungen in Pornos wird jedoch das Bild verstärkt, dass bestimmte Körperformen schöner oder besser sind als andere. Was wir sehen, empfinden wir als normal, was wir nicht sehen, erscheint uns falsch. Diese unrealistischen pornografischen Inhalte prägen unser Denken und unsere Sicht auf Körper und Sexualität. Dadurch, dass so viele Menschen, vor allem auch in jungem Alter, in dem sich Denkmuster bilden und verfestigen, Mainstream-Pornos konsumieren, werden Sexismen und gesellschaftliche Normen durchlaufend reproduziert.

Anstatt sexistische, unfeministische Gedanken und Handlungsweisen in uns hervorzurufen, sollten Pornos viel eher so gestaltet sein, dass sie unsere Sexualität positiv beeinflussen. Sie sollten Spaß machen, Diversität zeigen und uns inspirieren. Es sollten unterschiedliche Körpertypen und verschiedene Menschen repräsentiert werden, und es sollte schöner, aufregender und realistischer Sex abgebildet sein. Sex, der ganz klar mit Konsens stattfindet. Uns allen sollte außerdem klar sein, dass unser Sexleben nicht wie in einem Porno aussehen muss. Pornografische Inhalte können unser Bild von Geschlechtsverkehr stark prägen und verqueren. Deswegen ist es enorm wichtig, sich immer wieder vor Augen zu führen, dass Mainstream-Pornos überwiegend nicht die Realität widerspiegeln. Das Sexualverhalten der meisten Menschen weicht von dem in Pornos ab, und das ist okay und gut so!

Mittlerweile gibt es einige neue Plattformen, die sich auf feministische Pornos spezialisiert haben. Sie versuchen, mit Stereotypen und Rollenbildern zu brechen und Diversität zu zeigen. Die Darstellenden sind zum Beispiel Menschen mit Behinderungen, entsprechen nicht alle dem klassischen Schönheitsideal, sie sind Menschen unterschiedlicher Gender, Ethnien, Altersklassen oder sozialer Schichten. Zudem wird nicht nur heterosexueller Sex gezeigt. Die Filme thematisieren Geschlechtsverkehr zwischen Menschen mit verschiedenen Sexualitäten, wodurch die Heteronormativität in pornografischen Inhalten bekämpft werden soll. Der Mann rückt aus dem Zentrum der Aufmerksamkeit und die Lust aller Darstellenden spielt eine große Rolle. Oft steht auch die Ästhetik des Bildes in feministischen Pornos stark im Vordergrund. Aber nicht nur inhaltlich arbeiten diese Plattformen feministisch, sie sind auch in der Produktion feministisch organisiert. So sind zum Beispiel viele Frauen als Regisseurinnen tätig oder für Kamera und Ton zuständig.

Außerdem wird stark auf faire Arbeitsbedingungen geachtet. Alle Darstellenden werden gerecht und gleichberechtigt bezahlt und dürfen häufig auch an der Art der Filme mitwirken und entscheiden, auf welche Weise sie Sex haben wollen und was von dem gefilmten Material verwendet werden darf. Auch die gesundheitlichen Zustände der Darstellenden werden genau überprüft und es wird im Allgemeinen dafür gesorgt, dass sich alle Beteiligten zu jedem Zeitpunkt sicher und wohlfühlen. Das ist bei einer so intimen Art des Arbeitens wichtig und bei vielen Pornodrehs, bei denen es vor allem um Massenproduktion und hohe Gewinne geht, nicht selbstverständlich.

Feministische Plattformen für Pornos bieten also eine tolle Alternative zu Mainstream-Pornos. Obwohl die weibliche Sexualität in feministischen Pornofilmen umfangreich thematisiert wird, finden durch die verschiedenen Genres und Arten an Filmen auf diesen Seiten sicherlich nicht nur Frauen dort etwas, das ihnen gefällt, sondern alle Menschen, ganz unabhängig von Geschlecht, Alter oder sexuellen Vorlieben.

WO DIE AUFKLÄRUNG VERSAGT

Dass viele Frauen in ihrer Sexualität unsicher sind, Probleme mit ihrem Körper haben und sich sexistische Denkmuster in unserer Gesellschaft halten, hängt stark mit fehlender Aufklärung zusammen. Diese fängt schon in jungem Alter an. Wer erinnert sich nicht an das erste Mal Sexualkunde, diese aufregenden Stunden, in denen über die Veränderungen des Körpers während der Pubertät und über Sex und Verhütung gesprochen wurde.

In diesen Unterrichtsstunden wurde jedoch oft mehr gekichert als inhaltlich erarbeitet. In Gesprächen mit Freund:innen wurde mir bewusst, wie wenig wir eigentlich wirklich über unsere Körper und über Geschlechtsverkehr gelernt haben. Stattdessen haben wir nackte Körper bunt ausgemalt, die Stadien einer Schwangerschaft auswendig gelernt oder animierte Videos geschaut, in denen ein Mann und eine Frau unter einer Decke Sex hatten – am Ende hat man also nicht viel mehr gesehen als ein wackelndes Bett.

Diese ersten Berührungspunkte mit dem Thema Körper und Sex haben mich so gut wie gar nicht darauf vorbereitet, was in den folgenden Jahren auf mich zukommen würde. Aus diesem Grund wollen wir uns im

Folgenden damit beschäftigen, in welchen Bereichen die Aufklärung versagt hat, was eine fehlende Aufklärung für Folgen nach sich zieht und wie wir es in Zukunft besser machen können.

Als ich in die Pubertät kam, fing mein Körper an, sich zu verändern. Plötzlich wuchsen mir Haare an Stellen, die mein ganzes Leben lang glatt gewesen waren, meine Brüste wurden größer und meine Vulva sah auf einmal ganz anders aus als früher. Meine Proportionen, meine Körperformen veränderten sich. Damit gingen Wachstumsstreifen und ein paar dellige Stellen an meinen Oberschenkeln einher. Auf die ersten Krämpfe im Unterleib folgte kurze Zeit später meine erste Menstruation.

Außerdem war meine Haut nun deutlich unreiner als in jungen Jahren und ich konnte zum ersten Mal feststellen, dass ich – ganz ohne viel Sport zu treiben – immer öfter nach Schweiß roch. So weit, so gut. Diese körperlichen Veränderungen sind normal und treten so oder so ähnlich wohl bei den meisten jugendlichen Mädchen auf. Meine psychische Verfassung, die mit den physischen Veränderungen einherging, war allerdings alles andere als normal. Mein Körper sah nicht so aus, wie ich mir das vorgestellt hatte. Meine Brüste waren nicht perfekt rund und meine Vulva sah anders aus als die auf den Abbildungen, die ich in der Schule gesehen hatte. Die kleinen Narben an Brust, Po und Oberschenkeln konnte ich nicht einordnen. Von Wachstumsstreifen hatte ich noch nie etwas gehört, geschweige denn, irgendwo welche gesehen.

Aus dem Vergleich von meinem Körper mit anderen Körpern, die mir bis dahin begegnet waren, schlussfolgerte ich, dass mit mir etwas nicht stimmte, dass es nicht normal ist, wie ich aussehe, dass ich weniger schön bin, dass ich meinen Körper lieber nicht in der Öffentlichkeit zeige. Also habe ich mich in der Sportumkleide nicht mehr vor anderen umgezogen, bei Übernachtungspartys mit meinen Freundinnen konsequent in langer Kleidung geschlafen und es zwei ganze Sommer lang vermieden, schwimmen zu gehen. Meine Selbstwahrnehmung war verzehrt, das Verhältnis zu meinem Körper alles andere als gesund. Vielleicht können Sie sich mit einigen dieser Erfahrungen identifizieren.

Im Nachhinein weiß ich, dass ich mit solchen Gefühlen und Gedanken nicht allein war, auch wenn es mir damals so vorkam. Viele meiner Freundinnen haben mir von ähnlichen Erfahrungen aus dieser Zeit berichtet. Selbstzweifel in der Jugend sind weitverbreitet. Laut einer Studie sind nur etwas mehr als die Hälfte aller Mädchen im Alter von elf bis 17 Jahren mit ihrem Aussehen zufrieden[15]. Aber wie kommt es, dass so viele junge Mädchen ein so schlechtes Verhältnis zu ihrem Körper haben?

Ein sehr begünstigender Faktor für Selbstzweifel liegt im Tabuisieren solcher Themen. Vielen Jugendlichen fällt es schwer, offen über ihre Sorgen zu reden, vor allem, wenn es dabei um körperliche Aspekte geht. Ich dachte lange, ich sei die einzige Person auf der ganzen Welt, die Wachstumsstreifen hat. Ich empfand sie als hässlich und habe mich dafür geschämt, genau wie für meine Vulva, die keiner der wenigen anderen Vulven, die ich gesehen hatte, ähnelte.

Scham ist ein Gefühl, dass viele Mädchen und junge Frauen lange begleitet. So einnehmend, wie dieses Gefühl sein kann, so blockierend wirkt es auch. Über Themen zu reden, die mit Scham verbunden sind, fällt vielen schwer, besonders in jungem Alter. Wie schambehaftet der Umgang mit dem weiblichen Körper ist, zeigt allein das Vokabular, das wir nutzen, um ihn zu beschreiben. Wir sprechen zum Beispiel von Schamlippen, dem Schamhügel und Schamhaaren.

---

[15] https://de.statista.com/statistik/daten/studie/6722/umfrage/zufriedenheit-mit-dem-eigenen-aussehen-unter-jugendlichen/ [01.07.2021]

Auch, wenn dieser sprachliche Aspekt nebensächlich erscheinen mag, so prägt Sprache uns doch unterbewusst sehr stark. Wenn wir immer wieder das Wort „Scham" in Zusammenhang mit einem Thema hören und aussprechen, werden wir auch das Gefühl eher mit diesem Thema verbinden. Daher versuchen viele Feminist:innen, dazu zu motivieren, lieber Begriffe wie Vulvalippen, Venushügel und Intimhaare zu verwenden.

Fehlende Aufklärung in Kombination mit gesellschaftlichen Schönheitsidealen führt schnell dazu, dass der eigene Körper als nicht richtig oder nicht schön erscheint. Ich bin, wie viele andere auch, in meiner Jugend kaum in Berührung gekommen mit Bildern von echten Körpern, habe nie Frauen mit Wachstumsstreifen gesehen und war mir nicht bewusst, wie viele unterschiedliche Formen Vulven und Brüste haben können. Anstatt Diversität zu zeigen und zu feiern, hatte ich einen bestimmten Frauenkörper vor Augen, der für mich normal und ideal war. Mein Körper sah anders aus und damit konnte ich nicht umgehen, weil ich von niemandem vermittelt bekommen habe, dass Körper verschieden, aber in jeder Form schön sind.

Würden wir schon in jungem Alter viel offener darüber reden, dass wir alle unsere ganz individuellen

Körper in den unterschiedlichsten Formen, Farben und Größen haben, würden wir den Körper enttabuisieren und entsexualisieren, ihn also nicht nur sehen als etwas, das anderen gefallen soll, dann könnten wir uns alle wahrscheinlich viel eher wohlfühlen in unserer Haut und unseren Körper als Geschenk ansehen. Wir könnten dankbar dafür sein, dass er funktioniert, dass er uns jeden Tag ermöglicht, unser Leben zu genießen, und dass er gesund ist. Um eine gesunde Beziehung zu unserem Körper zu entwickeln, ist es enorm wichtig, über Körperformen, Diversität und ganz persönliche Sorgen zu reden, ohne uns zu schämen. Dieser Austausch sollte schon in jungen Jahren, also beispielsweise im ersten Sexualkundeunterricht, stattfinden, um Selbstzweifeln von Anfang an entgegenzuwirken und sie gar nicht erst entstehen zu lassen.

Zu dem Tabu, dem Schamgefühl und fehlender Aufklärung kommt, dass viele junge Mädchen und Frauen sich kaum mit ihrem eigenen Körper auskennen. Dies kann sich direkt auf die Sexualität auswirken. So galt es in meinem Umfeld beispielsweise lange als normal, dass Jungen sich selbst befriedigen, Mädchen aber nicht. Masturbation war also etwas, was sich für mich nicht gehörte, was für mich nicht vorgesehen war, dass ich damit dennoch schon Erfahrungen gesammelt hatte, war mir peinlich. Meine Freundinnen und ich erzählten uns erst Jahre nach unseren ersten Versuchen gegenseitig davon, bis dahin hatten wir es alle verheimlicht. Wie wichtig es ist, seinen eigenen Körper kennenzulernen, und wie positiv sich Masturbation sowohl auf das Sexleben als auch auf die Beziehung zum eigenen Körper auswirken kann, war mir damals nicht bewusst. Ich verband damit vor allem negative Gefühle und sehr viel Scham. Auch dies ist eine Auswirkung fehlender Aufklärung und Tabuisierung:

Viele Mädchen und Frauen verbinden ihren Intimbereich mit Scham, wissen oft gar nicht, wie ihre Vulva aussieht und kennen sich auch mit der Anatomie ihrer Geschlechtsorgane kaum aus. In vielen Kontexten wird zum Beispiel immer wieder von der Vagina gesprochen, wenn eigentlich die Vulva gemeint ist. Dieser Unterschied wurde einem Großteil meiner weiblichen Bekannten erst spät bewusst, denn auch hier versagt die Aufklärung weitestgehend. Die Vagina bezeichnet nur das innere Geschlechtsorgan, den schlauchförmigen Bereich zwischen Vulva und Gebärmutter, während die Vulva all das meint, was von außen sichtbar ist. Dazu zählen zum Beispiel die äußeren und inneren Vulvalippen. Dass diese weitverbreitet als große und kleine Vulvalippen bezeichnet werden, ist ein weiteres

Problem im Umgang mit dem weiblichen Geschlechtsorgan, denn dieser Ausdruck suggeriert, dass die äußeren Vulvalippen immer die großen und die inneren
Vulvalippen immer die kleineren Lippen sind. Dies
führt dazu, dass viele Mädchen und Frauen, deren innere Vulvalippen von außen sichtbar sind, das Gefühl
haben, etwas sei mit ihrer Vulva nicht in Ordnung. Das
ist völliger Nonsens! Jede Vulva sieht anders aus und
jede Vulva ist schön. Das Schamgefühl, das gesellschaftlich bedingt mit dem eigenen Intimbereich einhergeht, und das Tabu um Themen wie Körper und Sex
begünstigen die Tatsache, dass sich viele Mädchen
kaum mit ihrem eigenen Körper auseinandersetzen. Es
ist umso schwerer, einen Körper zu akzeptieren und zu
lieben, den man kaum kennt.

Ein weiterer Bereich, in dem Aufklärung nicht
ausreichend stattfindet, ist die Menstruation. In der
Schule lernen die meisten wenig über den weiblichen
Zyklus. Dass Frauen einmal im Monat bluten, war
schnell allen klar. Die verschiedenen Phasen des Zyklus, die hormonellen Veränderungen und alles, was damit einhergeht, wird aber nicht ausreichend thematisiert. Dabei ist das Wissen über den eigenen Zyklus für
Mädchen und Frauen wichtig, um den Körper zu verstehen. Nur so kann man sich auch ausreichend um

seinen Körper kümmern und zum Beispiel auf hormonelle Umschwünge oder Schmerzen angemessen reagieren.

Stattdessen bekommen viele Mädchen und Frauen vermittelt, mit ihnen stimme etwas nicht, wenn sie sich während der Menstruation nicht fit fühlen, und sie seien schwach, wenn sie sich für diese Tage krankmelden. Gefühle werden außerdem oft kontextlos in Zusammenhang mit der Periode gebracht. „Hast du deine Tage oder warum bist du so zickig?", und ähnliche Sätze mussten meine Freundinnen und ich uns unzählige Male anhören.

Dazu kommt, dass auch die Menstruation mit sehr viel Scham verbunden sein kann. Vor allem in jungem Alter schämen sich viele Mädchen dafür, dass sie bluten. In der Schule unerwartet seine Periode zu bekommen und womöglich einen Blutfleck auf der Hose zu haben, war für alle Mädchen in meinem Umfeld eine Horrorvorstellung. Etliche Male bin ich vor meinen Freundinnen hergelaufen und habe mir versichern lassen, dass man an meinem Po bloß keinen Abdruck der Binde durch die Hose erkennen kann. Im Drogeriemarkt Tampons zu kaufen, war für viele junge Mädchen unvorstellbar: Es könnte einen jemand dabei sehen.

Die Menstruation ist also ein Thema, das sehr stark mit Scham verbunden ist. Schaut man sich Werbespots für Hygieneprodukte an, wird dort beispielsweise auch kein Blut gezeigt, sondern eine klare, blaue Flüssigkeit. Solche Darstellungen wecken zum einen falsche Erwartungen und zum anderen das Gefühl, Blut wäre etwas, das man lieber nicht zeigt. Dabei hat diese blaue Flüssigkeit rein gar nichts mit dem weiblichen Zyklus zu tun. Auch hier ist es Zeit für eine Enttabuisierung und Normalisierung. Frauen bluten und daran ist nichts peinlich, dreckig oder eklig. Die Menstruation kann messy sein, Flecken verursachen, schmerzen, verwirren und überfordern. All das ist normal und natürlich[16].

Es wird deutlich, wie viel im Bereich der Aufklärung noch zu tun ist. Feministische Aktivist:innen arbeiten daran, Stück für Stück aufzuklären und Tabus zu brechen. Sie wollen Körper normalisieren, Diversität zeigen und Selbstliebe predigen, um mit

---

[16] Nicht alle Frauen haben eine Vulva und nicht alle Frauen menstruieren. Genauso gibt es nicht nur Frauen, die weibliche Geschlechtsorgane haben und menstruieren. Der Text ist aus vereinfachenden Gründen sehr cis-normativ konzipiert und wird der körperlichen Diversität nicht an allen Stellen gerecht.

verankerten Schönheitsidealen, unrealistischen Normen und Vorstellungen und Selbstzweifeln zu brechen. Das Credo lautet: Alle Körper sind schön und verdienen es, geliebt zu werden!

Die fehlende Aufklärung in vielen Bereichen ist nicht nur gefährlich, weil dadurch die Beziehung zum eigenen Körper negativ beeinflusst werden kann, sondern geht auch Hand in Hand mit gesundheitlichen Problemen. Wie der Frauenkörper im Gesundheitssystem diskriminiert wird, wollen wir im folgenden Abschnitt genauer betrachten.

FRAUEN UND DAS GESUNDHEITSSYSTEM

Eine unzureichende Aufklärung kann zu vielen Problemen führen. Sie ist unter anderem ein Grund dafür, dass Frauen in Sachen Gesundheit immer wieder benachteiligt werden. Wie diese Benachteiligung genau aussieht, soll anhand zweier Beispiele verdeutlicht werden.

Eine klare Ungleichheit zwischen Mann und Frau findet sich im Bereich der Verhütung. Anti-Baby-Pille, Hormonring, Hormonspritze, Hormonspirale, Kupferspirale, Kupferkette, Diaphragma, natürliche

Familienplanung – all diese Verhütungsmethoden gibt es für die Frau, während der Mann ziemlich genau zwei Optionen hat: Kondom oder Sterilisation. Allein die Anzahl der Verhütungsmittel lässt ein großes Ungleichgewicht erkennen.

Aber wie hängt das mit dem Gesundheitssystem zusammen? Ganz einfach – an Verhütungsmitteln für den Mann wird nicht ausreichend geforscht, und das, obwohl er der Frau in Sachen Kinder zeugen doch um einiges voraus ist. Schließlich kann ein Mann theoretisch jahrelang jeden Tag mehrere Frauen schwängern. Eine Frau hingegen kann im Normalfall nicht mehr als einmal im Jahr schwanger werden.

Theoretisch wäre es also logisch, auch mehr Verhütungsmittel für Männer auf den Markt zu bringen. An einer Anti-Baby-Pille für den Mann wird tatsächlich schon seit Jahren von zahlreichen Wissenschaftler:innen geforscht. Bis jetzt hat die Pille es aber nicht auf den Markt geschafft. Verschiedene Ansätze sind immer wieder gescheitert. Der Grund: zu starke Nebenwirkungen, wie zum Beispiel Kopfschmerzen, Akne, Gewichtsschwankungen oder ein Libidoverlust. Die Verhütung bleibt bislang also überwiegend in der Verantwortung der Frau.

Eine der beliebtesten Verhütungsmethoden, vor allem bei Frauen in Beziehungen, ist die Anti-Baby-Pille. Sie ist seit etwa 60 Jahren recht leicht zugänglich und galt für viele Frauen lange als Zeichen der Unabhängigkeit und Selbstbestimmung.

Mittlerweile verhütet rund jede dritte Frau mit der Pille[17], und das, obwohl knapp 50 % aller Frauen der Meinung sind, dass die Verhütung mit der Pille oder anderen Hormonen sich negativ auf Körper und Seele auswirkt. Unter diesen 50 % gehören ganze 38 % zu den Frauen, die selbst mit der Pille verhüten[18]. Vor etwa zehn Jahren war es noch fast jede zweite Frau, die die Anti-Baby-Pille zur Verhütung nutzte[19].

Der Rückgang der Beleibtheit dieser Verhütungsmethode liegt vermutlich in den Nebenwirkungen begründet, über die sich in den letzten Jahren immer mehr Frauen bewusst geworden sind. Erscheinungen

---

[17] https://de.statista.com/statistik/daten/studie/882419/umfrage/umfrage-in-deutschland-zu-genutzten-verhuetungs-methoden/ [01.07.2021]

[18] https://de.statista.com/statistik/daten/studie/1176997/umfrage/einstellungen-in-deutschland-zu-hormoneller-ver-huetung/ [01.07.2021]

[19] https://de.statista.com/infografik/22555/anteil-der-ge-setzlich-versicherten-frauen-denen-die-pille-verschrieben-wurde/ [01.07.2021]

wie Kopfschmerzen, Übelkeit, Unterleibsschmerzen, Akne, Gewichtszunahme, Brustspannen, Zwischenblutungen, ein erhöhtes Thromboserisiko, Verlust der Libido oder psychische Belastungen wie zum Beispiel depressive Verstimmungen sind nur einige Punkte auf der langen Liste der möglichen Nebenwirkungen. Die Pille wirkt sich auf jeden Körper anders aus und die Erfahrungen damit sind individuell.

Es soll also nicht der Eindruck entstehen, alles an der Pille sei schlecht und alle Frauen sollten sie absetzen. Jede Frau muss für sich selbst entscheiden, welche Verhütungsmethode die richtige ist. Die Pille funktioniert für viele ohne Probleme und hat zweifellos so einige Vorteile gegenüber anderen Verhütungsmitteln. Es ist lediglich wichtig, ein Bewusstsein dafür zu schaffen, dass die Pille stark in den Hormonhaushalt eingreift und zu Nebenwirkungen führen kann. Dass die Pille für den Mann es seit Jahren nicht auf den Markt schafft, zeigt, dass dieser hormonelle Eingriff nicht zu unterschätzen ist. Die Richtlinien für Arzneimittel sind mittlerweile offensichtlich sehr anders als noch vor 60 Jahren und es ist davon auszugehen, dass auch die Pille für die Frau es heutzutage nicht mehr zum Mainstream-Verhütungsmittel schaffen würde.

Dennoch nimmt, wie gesagt, etwa jede dritte Frau die Pille und viele von ihnen kämpfen mit den Nebenwirkungen.

Auch hier liegt ein Fehler in der Aufklärung vor. Die Pille wird vielen Mädchen in jungem Alter verschrieben, zum einen, wenn sie sexuell aktiv sind, zum anderen aber auch, wenn sie zum Beispiel über Periodenschmerzen klagen. Der Umgang vieler Frauenärzt:innen mit der Anti-Baby-Pille ist leichtfertig, die Aufklärung über Wirkungsweise und Nebenwirkungen oft nicht ausreichend. Unser System akzeptiert, dass Frauen die Pille nehmen und die Nebenwirkungen in Kauf nehmen, ohne genau darüber Bescheid zu wissen, während ähnliche Nebenwirkungen dem Mann nicht zugemutet werden können. Dies ist eine Form sexistischer Benachteiligung.

Das zweite Beispiel, das die Lage der Frau in unserem Gesundheitssystem veranschaulicht, ist die Aufklärung über und der Umgang mit Endometriose, eine der häufigsten Erkrankungen des Unterleibs bei Frauen. Obwohl Endometriose bei etwa zehn bis 15 % aller Frauen auftritt[20], wobei die Dunkelziffer

---

[20]https://www.quarks.de/gesundheit/medizin/endometriose-wenn-frausein-weh-tut/ [01.07.2021]

wahrscheinlich noch höher sein dürfte, ist über die Krankheit kaum etwas bekannt. Die wenigsten Menschen haben jemals von Endometriose gehört. Das führt dazu, dass die meisten Frauen, die an Endometriose er-krankt sind, gar nichts davon wissen oder jahrelang gebraucht haben, um eine Diagnose zu erhalten.

Aber was ist Endometriose? Bei der Krankheit kommt es zu Wucherungen der Gebärmutterschleimhaut außerhalb der Gebärmutterhöhle, zu sogenannten Endometrioseherden. Diese können zum Beispiel an den Eierstöcken oder Eileitern, an der Blase, am Darm oder Zwerchfell, aber auch weiter entfernt von der Gebärmutter, wie an der Lunge oder sogar am Gehirn wachsen. Obwohl die Wucherungen meist gutartig sind, verursachen die Entzündungen starke Schmerzen und können in manchen Fällen bis zur Unfruchtbarkeit einer Frau führen. Die häufigsten Symptome sind extreme Regelschmerzen, Zwischenblutungen und ein unregelmäßiger Zyklus, Blut im Urin sowie Schmerzen beim Sex.

Da diese Symptome so oder so ähnlich auch bei vielen anderen Krankheiten auftreten können, ist es umso schwerer, eine Endometriose zu diagnostizieren. Weil die meisten Frauen zudem nichts über die Krankheit wissen, können sie sich nicht gezielt darauf untersuchen lassen. Die Diagnose von Endometriose dauert im Durchschnitt ganze sechs Jahre ab dem Auftreten der ersten Symptome. Frauen leben also oft jahrelang mit chronischen Schmerzen, die ihren Alltag gravierend einschränken können, bis Ärzt:innen eine Ursache für ihr Leiden feststellen.

Diese Zeit kann belastend sein und führt oft zu Folgesymptomen wie depressiven Verstimmungen. Weil die Krankheit von außen nicht sichtbar ist, wird sie außerdem oft nicht als solche wahrgenommen. Viele Betroffene fühlen sich nicht ernst genommen, sowohl von ihrem sozialen Umfeld als auch von den behandelnden Ärzt:innen. Periodenschmerzen werden oft als normal abgestempelt, die Betroffenen werden mit Schmerztabletten vertröstet oder ihnen wird die Anti-Baby-Pille verschrieben.

Diesem Umgang mit der Krankheit Endometriose könnte eine umfangreiche Aufklärung entgegenwirken. Neuseeländische Forscher:innen haben herausgefunden, dass Bildungsprogramme an Schulen über die menstruale Gesundheit das Bewusstsein von Schüler:innen für Krankheiten wie Endometriose enorm stärken. Dieses Bewusstsein wiederum führt dann dazu, dass die Zeit zwischen dem ersten Auftreten von Symptomen bis zur Diagnose und einer richtigen

Behandlung sich stark verkürzt[21]. In diesem Fall kann Aufklärung also dafür sorgen, Frauen ein schmerzfreies Leben und somit einen normalen Alltag trotz chronischer Krankheit zu ermöglichen.

Auch hier wird wieder deutlich, wie schlecht unsere Gesellschaft in vielen Bereichen immer noch aufgeklärt ist, obwohl eine umfangreiche Aufklärung so wichtig ist. Die Bemühungen der feministischen Bewegung haben einen guten Grund und können dazu beitragen, uns allen die Möglichkeit auf ein leichteres, gleichberechtigteres, freieres und selbstbestimmteres Leben zu bieten.

DIE GESELLSCHAFTLICHE ROLLE DES MANNES

Bislang haben wir uns vor allem damit beschäftigt, inwiefern Frauen diskriminiert werden und den Feminismus im 21. Jahrhundert immer noch brauchen. Sexuelle Belästigung und Gewalt, der sexualisierte Körper

---

[21] Bush, Deborah et al. (2017): Endometriosis education in schools: A New Zealand model examining the impact of an education program in schools on early recognition of symptoms suggesting endometriosis, Obstetrics and Gynaecology, 57 (4)

und Beleidigungen aufgrund des Aussehens oder der Sexualität, sexistische Darstellungen in Mainstream-Pornografie und fehlende Aufklärung in Bezug auf Körper und Gesundheit – das alles sind Themen, mit denen Frauen direkt oder indirekt tagtäglich konfrontiert werden.

Das bedeutet aber nicht, dass alle Männer von sexistischen Denkmustern profitieren und die negativen Auswirkungen unserer gesellschaftlichen Normen und Werte nicht zu spüren bekommen. Auch Männer werden immer wieder Opfer sexueller Gewalt, müssen sich für ihre Sexualität rechtfertigen, werden bewertet und stehen unter Druck, dem Schönheitsideal zu entsprechen. Sexistische und patriarchale Strukturen wirken sich auch auf Männer negativ aus. Sicherlich anders als auf Frauen – aber nicht weniger schlimm.

Dem Mann wird gesellschaftlich eine Rolle zugewiesen. Damit gehen Ansprüche und Erwartungen einher: Männer zeigen keine Emotionen, Männer weinen nicht, Männer sprechen nicht über Gefühle, Männer sind stark. Diese traditionellen Rollenbilder sind fest in unserer Gesellschaft verankert, wir denken in Mustern und haben bewusst oder unterbewusst Erwartungen, die es zu erfüllen gilt. Diese gesellschaftliche Männlichkeit und die damit einhergehenden

Machtverhältnisse zwischen Mann und Frau beeinflussen nicht nur die Frauen negativ und reproduzieren unterdrückende Strukturen, sie können auch den Mann unter Druck setzen. Männlichkeit als Konstrukt bezieht sich dabei nicht auf das biologische Geschlecht, sondern auf Gender, das soziale Geschlecht.

Ein Phänomen, das mit diesem Konstrukt einhergeht, ist die sogenannte toxische Männlichkeit. Der Begriff wurde von feministischen Aktivist:innen geprägt und wird mittlerweile von vielen Soziolog:innen verwendet. Er beschreibt Verhaltens- und Denkweisen, die mit dem Männlich-Sein einhergehen und toxisch, also schädlich sind. Dies umfasst ebensolche Erwartungen, wie sie oben bereits genannt sind, also beispielsweise Emotionslosigkeit, Stärke, aber auch Aggression und Dominanz gegenüber allem, was nicht männlich ist. Toxisch sind solche Denk- und Verhaltensmuster sowohl für Männer selbst als auch für alle anderen Menschen. Sie lösen Formen der Diskriminierung wie zum Beispiel Sexismus, Homophobie oder Transphobie[22] aus. Abgesehen von Personengruppen, die unter toxisch männlichem Verhalten leiden, wirkt

---

[22] Transphobie bzw. Transfeindlichkeit beschreibt die Ablehnung und Diskriminierung von Transsexualität oder transsexuellen Personen.

sich die toxische Männlichkeit und sozial konstruierte Männlichkeit im Allgemeinen mit den damit zusammenhängenden Ansprüchen und Erwartungen auch auf Männer negativ aus. Das Rollenbild kann die psychische Verfassung von Männern stark beeinträchtigen.

Im Vergleich zu Frauen leiden Männer laut offizieller Zahlen nur halb so oft an Depressionen. Etwa jeder achte Mann erkrankt in seinem Leben demnach an Depressionen, während es bei den Frauen jede vierte ist[23]. Gleichzeitig begingen Männer im Jahr 2019 dreimal häufiger Suizid als Frauen[24]. Solche Statistiken lassen darauf schließen, dass viele psychische Erkrankungen von Männern unentdeckt bleiben und die Dunkelziffer an psychisch kranken Männern immens ist.

Die Gründe dafür sind vermutlich in der männlichen Sozialisierung zu finden. Themen wie Depressionen oder andere psychische Krankheiten werden bei Männern immer noch oft tabuisiert. Über Emotionen

---

23 https://www.deutsche-depressionshilfe.de/depression-infos-und-hilfe/was-ist-eine-depression/haeufigkeit [02.07.2021]
24 https://www.destatis.de/DE/Themen/Gesellschaft-Umwelt/Gesundheit/Todesursachen/Tabellen/suizide.html [02.07.2021]

wird nicht gesprochen, Emotionalität wird häufig als Zeichen von Schwäche angesehen und somit vermieden oder versteckt. Viele Männer haben das Gefühl, es gebe keinen Raum für Emotionen, Schwäche und einen Austausch über Sorgen und Gefühle. Das führt dazu, dass Männer sich mit ihren Problemen allein und alleingelassen fühlen. Sie nehmen keine Hilfe in Anspruch, weil eine Therapie tabuisiert wird, negativ assoziiert ist oder gar nicht im Blickfeld erscheint. Vielen ist gar nicht bewusst, dass sie Hilfe benötigen oder wie man einen Therapieplatz bekommen kann.

Es kann schwer sein, seine eigenen Gefühle wahrzunehmen, sie zu reflektieren und darüber zu sprechen, wenn man nie gelernt hat, mit ihnen umzugehen. Vielen Männern fehlt also aufgrund der konstruierten Männlichkeit ein Zugang zu ihren Gefühlen und das Bewusstsein darüber, dass Gefühle jeglicher Art in Ordnung sind. Wenn Emotionen ein Leben lang als unmännlich und schwach dargestellt wurden, sind diese Gedanken verinnerlicht und wirken sich auf Verhaltensweisen aus. Toxische Männlichkeit und die Erwartungen, die mit den gesellschaftlichen Rollenbildern eines Mannes einhergehen, können somit schädlich für alle Menschen sein.

Auch gegen diese gesellschaftlichen Strukturen und Probleme setzt sich der Feminismus ein. Es ist wichtig, anzuerkennen, dass Männlichkeit konstruiert ist und mit Erwartungen verbunden ist, die von Männern nicht erfüllt werden müssen. Da Männlichkeit also nur ein soziales Konstrukt ist, genau wie alle anderen gesellschaftlichen Rollenbilder auch, ist sie nicht in Stein gemeißelt, sondern wandelbar. Wir haben es in der Hand, traditionelle Rollenbilder aufzubrechen und uns gegen einschränkende und unterdrückende Erwartungen zu stellen, die in unserer Gesellschaft seit Jahrhunderten verinnerlicht wurden. Nur frei von Ansprüchen und Erwartungen jeglicher Art, in diesem Fall auf das soziale Geschlecht zurückgehend, können wir alle selbstbestimmt leben. Wir sollten es also normalisieren, dass Männer weinen, Emotionen zeigen, über Gefühle sprechen und nicht immer nur stark sind. Gerade im Bereich der Psychotherapie muss außerdem mehr Aufklärung geleistet werden, um Tabus zu brechen und Männern einen Zugang zu Therapie zu ermöglichen, denn die psychische Gesundheit ist essenziell für ein glückliches Leben.

Auch Ärzt:innen müssen in Hinblick darauf, dass sich psychische Krankheiten wie Depressionen aufgrund gesellschaftlicher Erwartungen und

Rollenbildern bei Männern oft anders äußern als bei Frauen, geschult werden, um Erkrankungen rechtzeitig zu erkennen, angemessen zu behandeln und so die hohen Suizidraten bei Männern zu verringern.

57

Wie Sie feministisch werden

In den vorangegangenen Kapiteln haben wir uns ausführlich damit beschäftigt, was der Feminismus ist und warum wir Feminismus auch im 21. Jahrhundert noch brauchen. Neben einer umfangreichen Aufklärung, die im Sinne vieler Feminist:innen liegt und große Probleme unserer Gesellschaft lösen könnte, gibt es noch einige andere Wege, feministisch aktiv zu werden und diesen feministischen Aktivismus in den Alltag zu integrieren. Wie Sie nun also feministisch aktiv sein können, soll Ihnen mit den folgenden Anregungen nähergebracht werden.

10 TIPPS FÜR EINEN FEMINISTISCHEN AKTIVISMUS IM ALLTAG

1. Feminismus verstehen und verinnerlichen

Diesem ersten Schritt sind Sie nach der Lektüre dieses Ratgebers schon sehr nahe. Sie haben die Grundzüge des Feminismus verstanden und können sexistisches oder anderweitig diskriminierendes Verhalten erkennen. Nun gilt es, diese Erkenntnisse zu verinnerlichen und unterbewusst zu beachten, um einerseits selbst feministisch zu handeln, andererseits aber auch einzugreifen, wenn Menschen in Ihrem Umfeld sich diskriminierend verhalten, womit wir bereits beim zweiten Punkt wären.

2. Augen auf für Diskriminierung im Alltag

Achten Sie auf Ihre Umgebung und nehmen Sie wahr, wenn Menschen Opfer von Sexismus, Homophobie oder jeglicher anderen Art von Diskriminierung werden. Ob an der Bushaltestelle auf dem Weg zur Arbeit, beim Einkaufen in der Stadt oder an einem Nachmittag am See; Diskriminierung kann überall statt-finden.

Wenn Sie sehen, dass Menschen beleidigt, belästigt oder sonst irgendwie gefährdet werden oder sich unwohl fühlen, zeigen Sie, dass Sie die Situation erkennen und im Notfall helfen können.

3. Ihr Umfeld sensibilisieren

Führen Sie Gespräche mit den Menschen in Ihrem Umfeld, um auch sie über den feministischen Ansatz aufzuklären und für Ungerechtigkeiten zu sensibilisieren. Je mehr Menschen den Feminismus unterstützen, desto einfacher wird es sein, Gleichberechtigung herzustellen und langfristig zu erhalten.

4. Reflektieren und hinterfragen

So einfach es auch sein mag, andere Menschen zu kritisieren und auf ihr Fehlverhalten hinzuweisen, so schwer kann es sein, eigene Fehler einzugestehen. Reflektieren Sie Ihr eigenes Verhalten, Entscheidungen, die Sie treffen und Aussagen, die Sie tätigen. Hinterfragen Sie Ihr Handeln und erkennen Sie an, wenn Sie Fehler machen oder in der Vergangenheit gemacht haben. Niemand verhält sich von der ersten Sekunde an fehlerfrei und das ist in Ordnung. Vor allem, wenn man jahrelang in einer sexistischen Gesellschaft gelebt und die Denkweisen verinnerlicht hat, dauert es seine Zeit, umzudenken. Seien Sie also nicht zu streng mit sich selbst. Wichtig ist nur, die eigenen Fehler anzuerkennen, sich dafür zu entschuldigen, falls Menschen dadurch verletzt wurden, und sich in Zukunft anders zu verhalten.

5. Austausch

Sprechen Sie mit anderen Menschen über Ihre individuellen Erfahrungen mit Diskriminierung oder über Ihre Sorgen. Nahezu jeder von uns wurde irgendwann einmal Opfer von Beleidigungen oder Belästigung oder hatte Probleme mit Selbstzweifeln, gesellschaftlichen Erwartungen und Druckausübung. Tauschen Sie sich aus und unterstützen Sie sich gegenseitig. Es ist enorm wichtig, solchen Erfahrungen Raum zu geben, um Themen wie Körper, Sexualität und Diskriminierung zu enttabuisieren. Nur, wenn wir über so etwas sprechen, können wir uns besser verstehen, schädliche Muster in unserer Gesellschaft erkennen und uns gemeinsam dagegen einsetzen.

6. Inspiration und Bildung in sozialen Medien

Wenn Sie auf sozialen Medien wie Instagram, Pinterest, Facebook oder Tumblr aktiv sind, suchen Sie bewusst nach Menschen und Seiten, die sich mit dem Thema Feminismus auseinandersetzen. Solche Accounts können Sie sowohl informieren und weiterbilden als auch zu neuen Arten des feministischen Denkens und Handelns inspirieren. Außerdem kommen dort Menschen zu Wort, die andere Erfahrungen mit Diskriminierung gemacht haben als Sie selbst und Ihren Horizont somit um ein Vielfaches erweitern können. Verschiedenen Profilen zu folgen, kann uns helfen, unseren Blick zu öffnen und zu erkennen, wie unterschiedlich Erfahrungen mit Diskriminierung sein können und dass es wichtig ist, zuzuhören, um verschiedene Perspektiven kennenzulernen und zu verstehen.

7. Porno-Konsum anpassen

Wenn Sie Pornos konsumieren, steigen Sie von sexistischen Mainstream-Pornos auf feministische Pornos um. Je mehr Menschen sich für feministische Pornografie entscheiden, desto größer wird auch das Angebot werden. Der Branche wird gezeigt, dass eine Nachfrage besteht und feministische Pornos werden zugänglicher und populärer. Damit geraten sie auch ins Blickfeld jüngerer Konsument:innen und nehmen somit dort einen positiven Einfluss, wo Denkmuster entstehen. Langfristig könnten sexistische Darstellungen entnormalisiert werden. Ein Umstieg lohnt sich also nicht für Sie, sondern gleichzeitig für unsere ganze Gesellschaft – eine Win-win-Situation.

8. Konsens

Normalisieren Sie das Fragen nach Konsens, bevor Sie Menschen körperlich nahekommen. Jeder von uns hat andere Grenzen, die nicht immer klar zu erkennen sind. Ob bei einem One-Night-Stand, in einer langjährigen Beziehung oder einer engen Freundschaft – nach Konsens zu fragen, kann Sicherheit schenken und zeigen, dass Sie auf die Bedürfnisse Ihres Gegenübers achten und Grenzen akzeptieren. Vor allem bei sexuellen Begegnungen kann dies wichtig sein, aber auch bei einer freundschaftlichen Umarmung ist es respektvoll, zu fragen, ob die andere Person die körperliche Nähe in dem Moment möchte und es dann auch zu akzeptieren, wenn Abstand gewünscht ist. Das Fragen nach Konsens wird oft als nervig oder überflüssig eingeschätzt – dabei kann es sehr schön und intim sein, beispielsweise vor einem ersten Kuss nach Zustimmung zu fragen und so einerseits Wertschätzung und Respekt auszudrücken, andererseits aber auch eine gewisse Spannung aufzubauen.

9. Gendern

Vielleicht ist Ihnen bereits aufgefallen, dass in diesem Ratgeber Formulierungen wie Feminist:innen, Ärzt:innen oder Forscher:innen verwendet werden. Eine solche Schreibweise nennt man Gendern. Der Begriff ist angelehnt an das soziale Geschlecht. Aber warum ist Gendern sinnvoll? Die geschlechtergerechten Ausdrücke schaffen einen Sprachgebrauch, in dem alle Menschen einbezogen werden – nicht nur Cis-Männer, wie es im Alltag häufig der Fall ist. Oft wird selbstverständlich die maskuline Form verwendet. Es wird also zum Beispiel von Ärzten, Wissenschaftlern oder Politikern gesprochen, wenn eigentlich alle, und nicht nur die männlichen Vertreter dieser Personengruppen, gemeint sind.

Das Problem daran sind die Verknüpfungen, die unser Gehirn durch diesen Sprachgebrauch herstellt. Wenn wir nur die maskuline Form hören, denken wir bei den Begriffen auch nur an männliche Personen. Unser Denken beeinflusst dann unsere Handlungen, unsere Werte und unsere Vorstellungen. Eine nicht gendergerechte Sprache unterstützt also aktiv das Patriarchat. Hört ein Mädchen in jungem Alter beispielsweise immer wieder den Begriff „Arzt" in verschiedenen Zusammenhängen, aber nie den Begriff „Ärztin", wird es den Beruf für sich selbst möglicherweise erst einmal nicht in Betracht ziehen, weil die Verknüpfung zwischen dem Beruf und der eigenen (nicht-männlichen) Identität fehlt.

Uns sollte bewusst werden, wie mächtig Sprache ist und wie sehr sie unser Denken und Handeln beeinflussen kann. Deswegen möchte ich Sie dazu ermutigen, es mit dem Gendern einmal zu versuchen. Der Anfang mag etwas holprig sein, aber man gewöhnt sich doch recht schnell an die neuen Ausdrücke und kann so ganz leicht zu einer gesellschaftlichen Veränderung in Richtung Gleichberechtigung beitragen.

10. Offen bleiben

Bleiben Sie offen für weiteren Input, versuchen Sie, sich auch über diesen Ratgeber hinaus weiter zu informieren und bilden Sie sich Ihre eigene Meinung. Einige Themen mögen Sie vielleicht mehr interessieren als andere. Setzen Sie Ihren persönlichen Schwerpunkt. Es ist völlig in Ordnung, wenn Sie nicht an allen Fronten kämpfen.

Außerdem sollten Sie akzeptieren, wenn Sie mit anderen Meinungen konfrontiert werden. Auch innerhalb der feministischen Bewegung sind sich nicht alle Aktivist:innen einig. Wir alle machen unterschiedliche Erfahrungen, die uns prägen. Manchmal ist es auch gut und notwendig, sich darauf zu einigen, sich nicht einig zu sein. Agree to disagree. Das Wichtigste ist, dass wir uns mit Toleranz, Akzeptanz und Respekt begegnen.

Abschließende Worte

Die feministische Bewegung hat Millionen von Anhänger:innen, die sich für Freiheit, Gleichberechtigung und Selbstbestimmung einsetzen und diese Ziele tagtäglich verfolgen. Der Aktivismus kann dabei unterschiedlich aussehen. Ob Aufklärung in sozialen Medien, die Teilnahme an Demonstrationen, das Verbreiten feministischer Grundsätze oder kleine, feministische Handlungen im Alltag – jede Art des Aktivismus ist gut und wichtig. Wir haben uns ausführlich damit beschäftigt, woher der Feminismus kommt und warum wir ihn auch heutzutage noch so dringend brauchen. Unsere Gesellschaft ist in vielen Bereichen festgefahren, wie zum Beispiel in der sexuellen und körperlichen Aufklärung oder im Umgang mit Rollenbildern und damit verknüpften Erwartungen. Sexistische und patriarchale Denk- und Verhaltensweisen halten sich bis heute in vielen Köpfen.

Es ist Zeit, mit solchen Strukturen zu brechen! Ich hoffe, Sie mit diesem Ratgeber für den Feminismus und seine Ziele begeistern zu können und Sie zu Ihrem individuellen feministischen Aktivismus zu motivieren, denn jede einzelne Person, die sich der Bewegung anschließt, kann einen großen Unterschied machen und bringt uns alle einen kleinen Schritt weiter in Richtung eines freien, gleichberechtigten und selbstbestimmten Lebens.

Herstellung und Verlag:

BoD – Books on Demand, Norderstedt

ISBN: 9783754339824

© Sabine Kraft 2021

1. Auflage

Kontakt: Psiana eCom UG/ Berumer Str. 44/ 26844 Jemgum

Covergestaltung: Fenna Larsson

Coverfoto: depositphotos.com

FSC
www.fsc.org
MIX
Papier aus ver-
antwortungsvollen
Quellen
Paper from
responsible sources
FSC® C105338